DÍAS DE COSECHA
El agradecimiento en el mundo

Hay muchísimas celebraciones y tradiciones en el mundo, muchas más de las que una persona pueda experimentar en su vida y muchas más de las que se puedan incluir en un libro. No todas las personas de una cultura o religión celebran las mismas tradiciones o festejan las mismas fechas especiales. Algunas de estas tradiciones se celebran en muchos países y culturas diferentes. Existe todo un mundo más allá de este libro.

Barefoot Books
23 Bradford Street, 2nd Floor
Concord, MA 01742

Derechos de autor del texto © 2022 de Kate DePalma
Derechos de autor de las ilustraciones © 2022 de Martina Peluso
Se hacen valer los derechos morales de Kate DePalma y de Martina Peluso

Publicado por primera vez en los Estados Unidos
de América por Barefoot, Inc. en 2022
Esta edición en rústica en español se publicó en 2024
Todos los derechos reservados

Diseño gráfico de Elizabeth Jayasekera, Barefoot Books
Dirección artística y edición de Autumn Allen, Barefoot Books
Traducido por María A. Pérez
Reproducción de Bright Arts, Hong Kong. Impreso en China
La composición tipográfica de este libro se realizó en Charcuterie Deco,
Charcuterie Filigree, Charcuterie Flared, Duper y Filson Pro
Las ilustraciones se realizaron mediante técnicas digitales

Edición en rústica en español ISBN 979-8-88859-208-3
Libro electrónico en español ISBN 979-8-88859-287-8

La información de la catalogación de la Biblioteca del
Congreso se encuentra en LCCN 2024931213

1 3 5 7 9 8 6 4 2

Desde la antigüedad la gente ha celebrado, con fiestas y ceremonias, el alimento cosechado.

El campo ha producido en abundancia.
¡Compartir la cosecha es de gran importancia!

Hacemos pastelitos songpyeon con gran habilidad.
¡Los de semillas de ajonjolí son nuestra especialidad!

Para celebrar el festival de la cosecha de **Chuseok**, las familias coreanas hacen unos pastelitos de arroz llamados *songpyeon*.

Polonia

En el Dożynki, usamos la última gavilla para hacer una corona que a todos maravilla.

En el festival eslavo de **Dożynki**, la última gavilla de los cereales cosechados se teje en forma de corona y se lleva en procesión.

Ofrecemos cereales y hogazas de pan recién hechas, en agradecimiento por nuestras cosechas.

Tamil Nadu, India

Agasajamos a los animales en el tercer día de Pongal. Su arduo trabajo en el campo es para todos vital.

El Pongal es un festival hindú de la cosecha que celebra el pueblo tamil en partes de India como Tamil Nadu. En el **Mattu Pongal** o tercer día, se agradece la ayuda de los animales de granja.

Adornamos al ganado y le damos de comer.
Y para nosotros, ¡un rico arroz se acaba de cocer!

Ofrendamos agua en la celebración.
¡Al planeta honramos con gran diversión!

En el **Martes de Challa**, que cae en el último día de los carnavales, los bolivianos hacen ofrendas a la Pachamama o Madre Tierra, que ha sido venerada en los Andes desde la antigüedad.

Ghana

Durante el Homowo, el pueblo gã no se olvida de años de sequía, malas cosechas y poca comida.

Ahora, riéndonos del hambre, bailamos y cantamos.
La lluvia agradecemos y las cosechas celebramos.

En el **Homowo**, el pueblo gã se ríe del hambre y recuerda cómo superó la hambruna en épocas pasadas:

Barbados

Al terminar el duro trabajo en los sembrados, nuestros antepasados respiraban aliviados.

Para trabajar en las plantaciones de caña de azúcar, se llevaron a Barbados africanos esclavizados. El **Crop Over** surgió como expresión del alivio que sentían al terminar con la agotadora temporada de cosechas.

En el Crop Over, llevamos plumas y tocados.
Nos sentimos orgullosos de nuestro legado.

Marruecos

En el Sucot, entre todos construimos las cabañas donde nos reunimos.

En el festival de la cosecha de **Sucot**, el pueblo judío construye edificaciones temporales para rememorar cómo Dios protegió a los israelitas cuando salieron de Egipto.

En ellas recibimos a familiares y amigos,
y a HaShem agradecemos por el pan y el abrigo.

Liberia

El Día de Acción de Gracias en noviembre celebramos.
De muchas maneras, el agradecimiento demostramos.

Algunos ofrendan fruta y escuchan el sermón.
¡Y otros en la playa se dan un chapuzón!

Muchos liberianos van a la iglesia el **Día de Acción de Gracias** y llevan fruta, verdura y ganado para recaudar dinero para la congregación. Los que no celebran, ¡aprovechan el día libre!

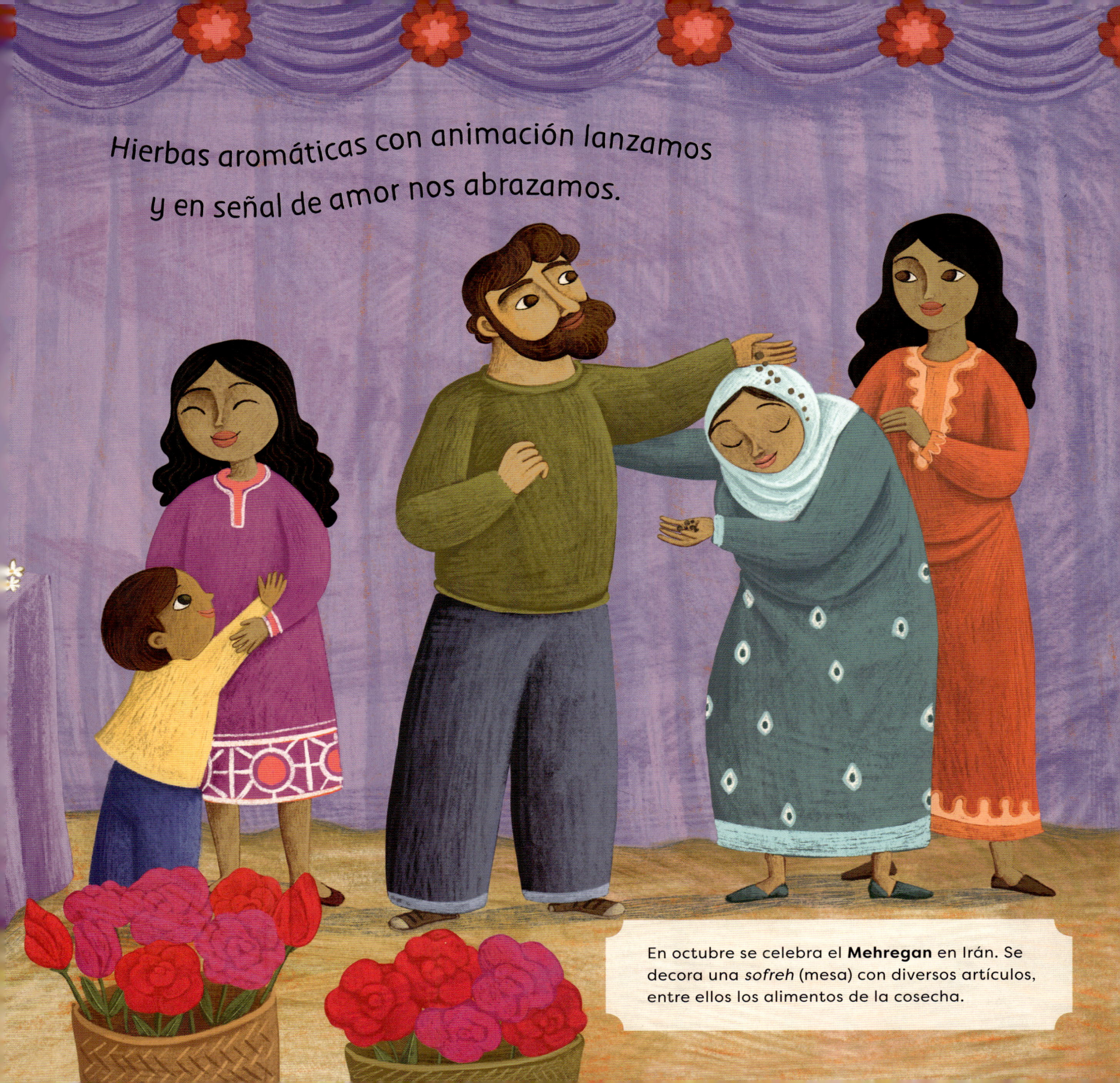

Hierbas aromáticas con animación lanzamos
y en señal de amor nos abrazamos.

En octubre se celebra el **Mehregan** en Irán. Se decora una *sofreh* (mesa) con diversos artículos, entre ellos los alimentos de la cosecha.

Punyab, India

Cosechamos el trigo a comienzos de la primavera.
Ha llegado el Vaisakhi e ir a la feria es lo que quisiera.

La *mela* alegra nuestro corazón.
Nos encanta bailar, ¡y subirnos a cada atracción!

En el **Vaisakhi**, personas de diversas religiones celebran la cosecha invernal de trigo en Punyab, India. El dinero sobrante viene bien para comprar golosinas en la *mela* (feria).

Alemania

El Día de San Martín con ilusión celebramos.
¡Hacemos los farolillos que en el desfile llevamos!

Entonamos canciones bajo el cielo estrellado y recorremos el pueblo, de luz inundado.

El 11 de noviembre los cristianos de Alemania celebran el **Día de San Martín** con un recorrido iluminado con farolillos que suele dirigir un hombre a caballo vestido de san Martín.

La vida ha cambiado, el mundo es diferente, pero llegada la cosecha, aún se junta la gente.

Calendario de los festivales de la cosecha

ENERO	FEBRERO	MARZO	ABRIL	MAYO	JUNIO	JULIO	AGOSTO	SEPTIEMBRE	OCTUBRE	NOVIEMBRE	DICIEMBRE

Mattu Pongal — *Tamil Nadu, India* — en torno al 16 de enero

Vaisakhi — *Punyab, India* — en torno al 13 o 14 de abril

Homowo — *Ghana* — en agosto

Dożynki — *Polonia* — en el equinoccio de otoño

Día de San Martín — *Alemania* — el 11 de noviembre

Martes de Challa — *Bolivia* — en febrero o marzo

Crop Over — *Barbados* — desde junio hasta el primer lunes de agosto

La Tomatina — *España* — el último miércoles de agosto

Día de Acción de Gracias — *Liberia* — primer jueves de noviembre

Chuseok — *Corea del Sur* — en septiembre u octubre

Mehregan — *Irán* — el 8 de octubre

Sucot — *Marruecos* — en septiembre u octubre

Algunas de las culturas identificadas en este libro tienen su propio calendario. Por eso, algunas de estas fiestas no caen en el mismo día cada año según este calendario.

¿Qué es la temporada de cosecha?

La temporada de cosecha tiene lugar cuando maduran los alimentos que cultivamos y se pueden recolectar. Ese momento varía según el tipo de cultivo, por lo que todo el año hay cosechas en diferentes partes del mundo.

¿Por qué se celebra la temporada de cosecha?

Nuestra supervivencia depende del alimento cosechado. Para los agricultores, la temporada de cosecha es la época de más trabajo. Al terminar, hay mucho alimento y los agricultores desean un descanso. Es el momento ideal para reunirse, celebrar y compartir.

¿Cómo han cambiado las tradiciones de las cosechas?

Muchas personas no tienen una relación muy estrecha con la naturaleza y las estaciones porque ya no cultivan su alimento. A pesar de no existir este vínculo, aún perduran algunas tradiciones relacionadas con las cosechas.

Algunos festivales de las cosechas son tan antiguos que su celebración se ha ido extendiendo por el mundo. Las personas se mudan al extranjero por diversas razones, y se llevan sus tradiciones a su nueva patria.

¡Aprende y descubre!

Si no sabes la respuesta a algunas de estas preguntas, pídele a un adulto que te ayude a buscarla.

- ¿Cómo celebra tu cultura la temporada de cosecha?
- ¿Qué alimentos se cultivan cerca de donde vives? ¿En qué época del año se cosechan? ¿Los has comido?
- Piensa en un alimento que te guste. ¿Dónde se cultiva? ¿Desde dónde viene? ¿Quién lo cosecha?

El Chuseok en Corea del Sur

- El **Chuseok** es un festival que se celebra en Corea del Norte y del Sur durante la luna llena a comienzos del otoño.

- Se considera que la cosecha es una bendición de los antepasados o familiares del pasado. Algunas familias se reúnen para recordar y hacer ofrendas a sus antepasados y arreglar las tumbas de sus seres queridos. Luego se disfruta de comidas y juegos tradicionales.

- Muchas familias hacen unos pastelitos de arroz pegajoso llamados **songpyeon**. Se pueden rellenar con semillas de ajonjolí y miel, soya, frijoles colorados, castañas o dátiles. Después se cuecen al vapor sobre hojarasca de pino.

- Durante el Chuseok, algunas personas se visten con el traje tradicional coreano o **hanbok**.

El Dożynki en Polonia

- El **Dożynki** es un festival de la cosecha que celebran los eslavos, un pueblo que vive en ciertas regiones de Europa y de Asia. Esta celebración cae en diferentes fechas en las distintas naciones eslavas. En Polonia se celebra en septiembre, durante el equinoccio de otoño. El Dożynki se remonta a una época anterior al cristianismo, hace miles de años, pero hoy en día las iglesias organizan algunas de las celebraciones.

- Se hace una corona con la última gavilla (atado) de los cereales recolectados en el campo, y se decora con frutas, verduras o flores. Las coronas pueden ser pequeñas, para que las lleve una persona, ¡o enormes!

- Todo el mundo se reúne para desfilar con la corona y ofrecerla en agradecimiento por la abundante cosecha. Algunas personas llevan trajes típicos. Después de la procesión, la gente come y baila.

El Mattu Pongal en Tamil Nadu, India

- El **Pongal** es un festival de la cosecha de cuatro días que celebran los tamiles en India para dar gracias a Surya, el dios hindú del sol. Se suele celebrar el 16 de enero.

- Pongal es también el nombre del plato típico de este evento, que se hace con arroz y *dal* (lentejas) recién cosechados y se endulza con un tipo de azúcar llamado *jaggery*. Se suele cocinar en una fogata al aire libre como parte de un evento social. Pongal significa "hervir" o "derramarse" en tamil, por lo que el hervor del pongal representa las bendiciones de la cosecha.

- En el tercer día de Pongal, llamado Mattu Pongal, se celebra el arduo trabajo que realizan los animales de granja en el campo, como tirar de pesados arados para surcar la tierra. Se baña a las vacas y se les da pongal como premio.

- ¡Las personas también comen pongal! Las familias y los amigos se juntan para escuchar música y bailar. También hacen **kolam**, unos diseños artísticos de polvo de arroz con los que adornan el suelo.

El Martes de Challa en Bolivia

- El **Martes de Challa** es una tradición muy extendida en Bolivia. Consiste en hacer una ofrenda o **challa** el martes de carnaval, que es el último día de la temporada cristiana de carnavales. Con la challa se agradece a la Madre Tierra aimara o Pachamama por la cosecha.

- Los aimaras son un pueblo indígena establecido en Bolivia y otras regiones de Sudamérica desde hace siglos. Hace cientos de años pasaron a estar bajo el control de los incas y después de los españoles. Ciertos elementos de la cultura y tradiciones aimaras se han conservado, y otros se han mezclado con las tradiciones católicas de los colonizadores españoles.

- Las ofrendas consisten en dulces, confeti, globos, flores y **serpentinas**. En las celebraciones hay juegos con agua y fuegos artificiales. ¡Hasta el ruido es una ofrenda a la Pachamama!

El Homowo en Ghana

- **Homowo** significa "reírse del hambre" en el idioma gã que habla el pueblo gã de Ghana. El festival anual de la cosecha u Homowo rememora una época en la que no llovía como para poder cultivar alimentos y el pueblo gã no tenía suficiente comida. Ahora que ya tienen comida en abundancia, los gã se reúnen cada año para reírse de la idea de pasar hambre. La tradición se ha convertido también en una celebración de la paz.

- En el Homowo, el pueblo gã prepara un plato especial llamado **kpekpele** o **kpokpoi**. Se hace con harina de maíz, sopa de fruto de palma y pescado ahumado.

- Se acostumbra esparcir un poco del kpekpele en el suelo como ofrenda a los antepasados. En el hogar lo hace el cabeza de familia y, en público, los líderes locales.

- En el Homowo, la gente recorre las calles cantando y bailando. Muchos se ponen trajes de fiesta rojos.

El Crop Over en Barbados

- El **Crop Over** es un festival de la cosecha que se originó en las plantaciones de caña de azúcar de Barbados. Durante siglos se capturaba a los africanos y se les trasladaba contra su voluntad al continente americano para realizar trabajos durísimos sin recibir pago alguno. El Crop Over les servía para aliviar su sufrimiento y liberar tensión al final de la agotadora cosecha, así como para expresar su espiritualidad.

- El Crop Over no se centra en la comida porque a las personas esclavizadas en las plantaciones no se les permitía comer lo que cosechaban. Se veían obligados a celebrar con lo que tenían: sus voces y cuerpos. Por ello, el Crop Over se centra en el canto, el baile y demás interpretaciones.

- ¡El Crop Over consiste en dos meses de desfiles, música, fiestas, vestuario, obras de arte, baile, comida y mucho más! El último evento es el Grand Kadooment, que tiene lugar el primer lunes de agosto. Los niños tienen su propio evento: el Junior Kadooment. Ambos son desfiles de Masquerade Bands, unos grupos que llevan trajes muy elaborados. Las familias se reúnen y la cultura y tradiciones barbadenses pasan a la siguiente generación. El vestuario se suele confeccionar a mano con mucho esmero.

El Sucot en Marruecos

- Los judíos celebran el **Sucot** en septiembre u octubre. Tiene lugar durante siete días en Israel y ocho en el resto del mundo. La gente construye unas edificaciones temporales llamadas **sucás** en recuerdo de cómo Dios protegió a los antiguos israelitas cuando salieron de Egipto.

- Las sucás tienen al menos 3 pies (1 m) de alto. El techo es abierto al cielo y se hace con materiales orgánicos (plantas). Las familias y comunidades se reúnen para construir y decorar las sucás. Durante el Sucot, las familias comen en las sucás y hay quienes también duermen en ellas.

- Las sucás de las distintas regiones del mundo suelen ser diferentes. En las sucás marroquíes pueden verse los coloridos y complejos tejidos típicos de Marruecos.

- Los judíos han vivido en Marruecos desde la antigüedad. En una época, Marruecos albergó una población de 300,000 judíos, pero hoy en día los judíos marroquíes viven en todo el mundo, particularmente en Israel, donde son la segunda comunidad judía del país.

- **HaShem** significa "El Nombre" en hebreo, y se usa para referirse a Dios.

El Día de Acción de Gracias en Liberia

- A finales del siglo XIX un grupo conocido como la Sociedad Americana de Colonización compró tierras en África Occidental para enviar a los estadounidenses de ascendencia africana. Esa población acabó por fundar Liberia.

- Muchos de los primeros emigrados a Liberia eran miembros de familias que habían vivido en Estados Unidos por generaciones, y se llevaron consigo las tradiciones estadounidenses, entre ellas la celebración del Día de Acción de Gracias, que en 1883 se convirtió en un día feriado oficial de Liberia. Al igual que en Estados Unidos, el Día de Acción de Gracias liberiano es en noviembre, pero en Liberia se celebra diferente.

- Liberia se ha enfrentado a muchas luchas y conflictos, así que el Día de Acción de Gracias es un día de gratitud por un año más de estabilidad.

- Se acostumbra llevar ofrendas de fruta, verdura o ganado a las iglesias o mezquitas. Estas ofrendas se bendicen y se subastan para recaudar dinero para la congregación. Para muchas personas, la oración es algo esencial en el Día de Acción de Gracias.

- Como la mayoría de la población liberiana vive cerca de la costa, muchos jóvenes aprovechan el día libre para descansar en la playa.

El Mehregan en Irán

- El **Mehregan** es un festival zoroastriano e iraní que festeja a la deidad Mithra. Muchas personas lo llaman Festival Persa de Otoño, y en Irán cae el 8 de octubre. El Mehregan se ha celebrado en Irán durante miles de años. (Persia es otro nombre para Irán).

- En el Mehregan, la gente estrena ropa y pone una mesa decorativa conocida como **sofreh**. En esta mesa se sirven alimentos de la cosecha, como frutos rojos, hierbas aromáticas, frutos secos, dulces y pan. Se puede incluir también un espejo, flores, velas, agua, incienso, un texto religioso zoroastriano titulado *Kordeh Avesta* y *sormeh*, una sustancia oscura que se aplica alrededor de los ojos como maquillaje.

- En las celebraciones es costumbre rezar frente a un espejo, oscurecerse los ojos con *sormeh*, bailar, abrazar a los demás y echarse hierbas aromáticas y semillas por encima.

- Antiguamente, el zoroastrismo era la religión de Persia, pero los árabes musulmanes conquistaron Persia y por ello hoy en día la mayoría de la población iraní es musulmana. El Mehregan es una de las muchas tradiciones preislámicas que aún se celebran en Irán.

La Tomatina en España

- En 1945, durante un desfile en **Buñol**, España, unos jóvenes discutieron. Alguien lanzó un tomate muy maduro que había tomado de un puesto de fruta y se formó una gran pelea de tomates. La gente se divirtió tanto que todos los años traía tomates para mantener viva la tradición. Las autoridades trataron de impedirlo sin éxito, pues era algo muy popular. La pelea anual de tomates del último miércoles de agosto pasó de ser una tradición local a convertirse en un evento internacional.

- Decenas de miles de personas viajan cada año al pequeño pueblo de Buñol para **La Tomatina**. ¡La amistosa pelea de tomates deja a los participantes embarrados de pies a cabeza de roja pulpa de tomate! Los participantes se lanzan más de 150,000 toneladas de tomates pasados, que se transportan en camiones.

- Se han expresado inquietudes sobre esta tradición con el argumento de que se desperdicia comida. Los tomates que se usan en La Tomatina están ya pasados y no se pueden comer.

El Vaisakhi en Punyab, India

- El **Vaisakhi** (o Baisakhi) es un antiguo festival primaveral de la cosecha de la región de Punyab en India. Este festival celebra el año nuevo solar y la cosecha de los cereales de invierno.

- En las comunidades agrícolas es costumbre reunirse para ayudarse mutuamente a cosechar el trigo. También llegan trabajadores de otros estados. Una vez se recolecta y vende la cosecha, el trabajo ha terminado y la gente tiene dinero para divertirse. Por ello, es el momento ideal para organizar una feria o **mela**. ¡En las *melas* hay comida, cosas a la venta, diversión, atracciones y mucho más! También se baila **bhangra**, una danza de vigorosos saltos y patadas.

- Todas las religiones celebran el Vaisakhi, pero la mayoría de la población de Punyab es sij. El Vaisakhi tiene un significado especial para los sijes, pues es el día que conmemoran la creación en 1699 de la primera khalsa, que transformó la religión sij. Muchos sijes han salido de Punyab y se han establecido en otras partes del mundo, llevando consigo la tradición del Vaisakhi. Por ejemplo, el Vaisakhi es el evento de un solo día más grande de Vancouver, Canadá.

Día de San Martín en Alemania

- Según el calendario cristiano, el Día de San Martín se celebra el 11 de noviembre. En ese día se conmemora a san Martín de Tours, un santo francés conocido por haber cortado su abrigo a la mitad con su espada para compartirlo con un hombre que pasaba frío en el invierno. La fiesta de San Martín cae a finales de la temporada de cosechas en el otoño y se celebra de diversas maneras en distintos países y culturas.

- En Alemania, el Día de San Martín se celebra en la víspera con un desfile iluminado por farolillos. Los niños y sus padres recorren las calles cantando y llevando los farolillos caseros. Una persona a caballo, vestida de san Martín, suele dirigir la procesión.

- La procesión suele terminar con una hoguera en la plaza principal del pueblo. Los niños comen golosinas horneadas y es costumbre cenar ganso.

La autora les agradece a las numerosas
personas que la ayudaron a cerciorarse de la precisión
de la información contenida en este libro, entre ellas:

Sarah Aroeste * Tete Cobblah * Dr. Elwood Dunn * Adi Elbaz * Gabriela Fuentes
Dr. Sukhdeep Gill y Dr. Surinder Gill * Branka Ivkovic-Bracht * Amanda Jones
la familia Kissler * Dra. Hae Won Park * Gosia Rotfeld * Bhajneet Singh * Meera Sriram * Eva Stratmann
Alex y Homa Tavangar * Sandra Wobbe * Anne Cohen, asesora de discapacidad y de inclusión

Nota de la autora

Los festivales de la cosecha son unas de las tradiciones más antiguas de la tierra. Mucho antes de que la humanidad formara sociedades con costumbres y rituales propios, solo teníamos los ritmos del planeta. Hoy en día, muchas personas tienen poca vinculación con las estaciones que nos proporcionan el alimento. Los festivales de la cosecha propician esta asociación.

La creación de este libro, que ofrece un vistazo de solo algunas de las innumerables tradiciones de la cosecha que existen en nuestro planeta, me dio la oportunidad de comunicarme con muchas personas de diversos lugares para informarme sobre la importancia de la cosecha en sus culturas. Este proceso me hizo valorar aún más la tierra que nos proporciona el alimento y el arduo trabajo de quienes lo cosechan. ¡Espero que su lectura te produzca el mismo efecto!

— Kate DePalma

Nota de la ilustradora

En Italia, donde me crie, ansiábamos la llegada de la recolección del tomate en verano y la tradición, transmitida de generación en generación, de hacer puré de tomate. Comprábamos los tomates en el campo y los poníamos a madurar al sol. Una vez maduros, los triturábamos y envasábamos en botes para usarlos en el resto del año. Nos solíamos reunir con nuestros seres queridos para trabajar juntos, compartiendo risas bajo el aire impregnado de aroma de tomate.

Trabajar en la creación de las ilustraciones de este libro me dio la oportunidad de descubrir diversas tradiciones que desconocía. Pasé muchas horas investigando las celebraciones para tener la certeza de que todo plato de comida, toda prenda de ropa y cada detalle de las festividades fueran una representación precisa de su cultura de origen. Espero que este libro despierte tu curiosidad sobre el mundo que nos rodea. ¿Por qué no salir a explorarlo?

— Martina Peluso